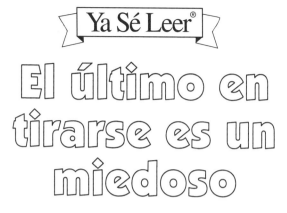

Ya Sé Leer®

El último en tirarse es un miedoso

por Leonard Kessler

Traducción de Osvaldo Blanco

Harper Arco Iris
An Imprint of HarperCollins*Publishers*

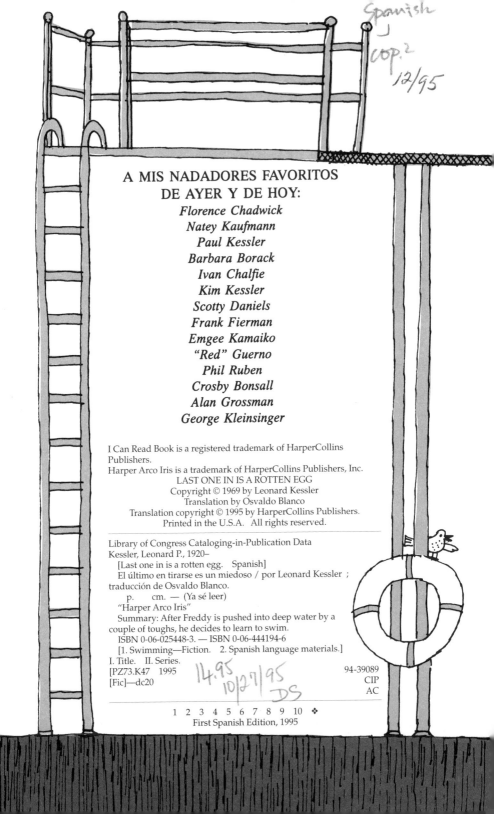

A MIS NADADORES FAVORITOS
DE AYER Y DE HOY:
Florence Chadwick
Natey Kaufmann
Paul Kessler
Barbara Borack
Ivan Chalfie
Kim Kessler
Scotty Daniels
Frank Fierman
Emgee Kamaiko
"Red" Guerno
Phil Ruben
Crosby Bonsall
Alan Grossman
George Kleinsinger

I Can Read Book is a registered trademark of HarperCollins Publishers.
Harper Arco Iris is a trademark of HarperCollins Publishers, Inc.
LAST ONE IN IS A ROTTEN EGG
Copyright © 1969 by Leonard Kessler
Translation by Osvaldo Blanco
Translation copyright © 1995 by HarperCollins Publishers.
Printed in the U.S.A. All rights reserved.

Library of Congress Cataloging-in-Publication Data
Kessler, Leonard P., 1920–
    [Last one in is a rotten egg. Spanish]
    El último en tirarse es un miedoso / por Leonard Kessler ;
traducción de Osvaldo Blanco.
        p.   cm. — (Ya sé leer)
    "Harper Arco Iris"
    Summary: After Freddy is pushed into deep water by a
couple of toughs, he decides to learn to swim.
    ISBN 0-06-025448-3. — ISBN 0-06-444194-6
    [1. Swimming—Fiction.   2. Spanish language materials.]
I. Title.   II. Series.
[PZ73.K47 1995
[Fic]—dc20
                                                         94-39089
                                                         CIP
                                                         AC

1 2 3 4 5 6 7 8 9 10 ❖
First Spanish Edition, 1995

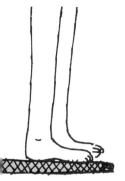

El último en tirarse es un miedoso

—¡Qué calor hace hoy!

—dijo Bobby—.

Mucho calor para jugar a la pelota.

Mucho calor para correr.

Mucho calor para andar en bicicleta.

—Mucho calor para todo

—dijo Willie.

—¡No hace mucho calor

para ir a nadar! —dijo Bobby.

—¡Sí! ¡Vamos a nadar! —dijo Willie.

—Iré a casa y le preguntaré

a mi mamá si puedo ir

—dijo Bobby.

—Yo también —dijo Willie.

—Nos vemos en cinco minutos.

Ambas mamás dijeron que sí.

—No te olvides el traje de baño

—bromeó la madre de Willie.

En el camino, Bobby y Willie

se encontraron con Freddy.

Éste estaba sentado

a la entrada de su casa

y parecía tener calor.

—¡Hola, Freddy!

Vamos a nadar.

¿Quieres venir?

—Le pediré permiso a mi mamá

—contestó Freddy.

—Puedes ir a nadar

—dijo su mamá—.

Pero recuerda que todavía

no sabes nadar bien.

Quédate en el agua poco profunda.

—Me quedaré donde dé pie

—dijo Freddy.

10

Freddy salió corriendo de la casa.

—¡Puedo ir! —gritó.

—¡Bueno! —dijo Willie—. ¡Vamos!

11

Cuando llegaron a las casetas,

se pusieron los trajes de baño.

Luego se dieron una ducha rápida

y corrieron a la piscina.

—¡Eh, muchachos! ¡NO SE CORRE!
—les gritó Tom, el salvavidas—.
Ya conocen las reglas. Los tres
dieron un vistazo al reglamento.

REGLAS DE LA PISCINA

1. Prohibido correr o empujar.
2. Prohibidos los juegos violentos.
3. No se permiten alimentos junto a la piscina.
4. No entre en el agua, acabado de comer.
5. Las niñas deben usar gorro de baño.
6. Prohibido entrar en la piscina si el salvavidas no está presente.
7. Mire antes de saltar al agua.
8. Se prohibe nadar frente al trampolín.
9. Sólo los buenos nadadores pueden nadar en la parte profunda.
10. Tenga cuidado . . . ¡evite tener que lamentarse!

Tom

El salvavidas

—Bueno —dijo Willie—,

¿quién va primero?

Metió un pie en el agua y exclamó:

—¡Uuyyy! ¡Está fría!

Bobby saltó en la parte profunda.

—¡El último en tirarse

es un miedoso! —gritó.

—No yo —dijo Willie.

Y saltó al mismo tiempo.

—Supongo que el miedoso soy yo

—dijo Freddy—.

No puedo nadar donde no doy pie.

Caminó hasta el otro extremo

de la piscina y saltó al agua

en la parte menos profunda.

—¡Eh, mírenme!

¡Soy una ballena!

—dijo Willie.

—¡Eh, mírenme a mí!

—dijo Bobby—.

¡Soy un submarino!

—¡Mírenme! —gritó Willie.

—¡Miren esta zambullida!

—¿Quieren ver
una zambullida *de verdad*?
—gritó Bobby.

—¡Qué bien! —dijo Freddy—.
¡Ojalá yo pudiera hacerlo igual!

—Juguemos a la peste —dijo Bobby—.

Freddy será el *apestado*.

—¡Oh, eso no es justo!

—dijo Freddy—.

No puedo nadar como ustedes.

¡No alcanzaría a nadie!

—Está bien —dijo Willie—.

Haremos otra cosa.

Entonces, pasaron nadando dos niñas.

—Muchachos, ¿quieren echar

una carrera con nosotras?

—preguntaron ellas.

—¡Dejémoslo! —dijo Willie—.

No queremos ganarles.

—Claro —dijo Bobby—.

Nosotros ganamos y ustedes

se pondrán a llorar.

—No, no vamos a llorar

—contestaron ellas.

¡Echemos la carrera!

—Está bien —dijo Bobby—.

Ustedes lo quisieron.

Freddy fue el juez de salida.

—¡Prepárense! *¡Listos!* ¡YA!

24

Willie nadaba rápidamente.

Y Bobby también.

Pero las dos niñas les llevaban
la delantera.

Les ganaron a los niños por más
de tres pies.

—¿Quieren echar otra carrera?

—preguntaron las niñas.

—Hoy no —dijo Willie—.

Bobby y yo estamos muy cansados

de tanto zambullirnos.

Otro día veremos quién nada

más rápido.

—Esas niñas nadan muy rápido

—dijo Willie.

—Pero nosotros nos zambullimos

mejor —dijo Bobby.

Freddy los miró zambullirse.

Se sentó en el borde de la piscina

con los pies en el agua.

—Algún día yo también

me zambulliré

—dijo en voz baja.

Al otro lado de la piscina,

dos muchachos mayores hacían

travesuras.

Empujaban a los niños pequeños,

haciéndolos caer al agua.

De pronto, los muchachos se

acercaron por detrás de Freddy.

—¡Al agua! —gritaron.

Y lo empujaron a la piscina.

Freddy cayó en la parte más profunda.

Y se hundió

y se hundió

hasta el fondo.

Por fin, salió a la superficie.

Pero se hundió otra vez.

Trató de abrir la boca

para pedir ayuda,

pero sólo consiguió tragar más agua.

Freddy estiró un brazo . . .

y una mano agarró la suya.

Era Tom, el salvavidas.

Tom lo sacó del agua.

Freddy se sentó en el banco.

Había tragado mucha agua.

Comenzó a toser.

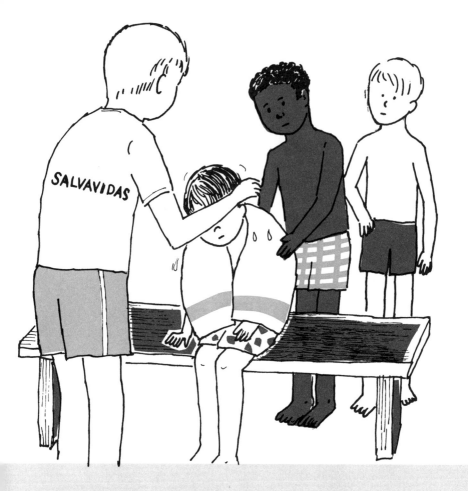

—¿Qué querías hacer?

¿Tomarte toda el agua

de la piscina? —bromeó Tom.

Pero Freddy no estaba para bromas.

Se sentía muy mal.

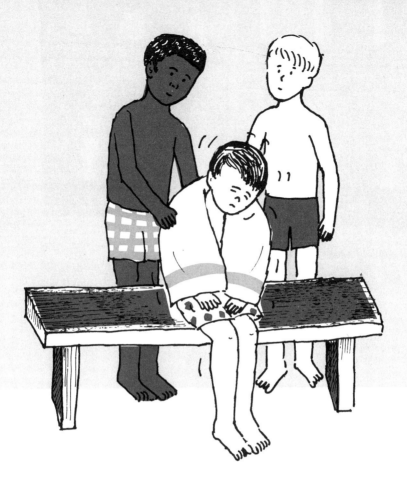

Tenía ganas de llorar,

pero no quería que Willie

o Bobby lo vieran llorando.

Se quedó sentado, temblando.

Sentía frío.

Cuando volvían a casa, Bobby dijo:

—¡Ojalá que encontremos a esos dos que empujaron a Freddy al agua!

¿Por qué no vamos a nadar

mañana otra vez? —dijo Willie.

—Deja ver cómo me siento

—dijo Freddy.

Al otro día, Bobby y Willie
se detuvieron frente a la casa
de Freddy.

—Vamos a nadar —dijo Willie.

—No puedo —dijo Freddy—.
Estoy enfermo.

—¿Qué tienes? —preguntó Bobby.

—Estoy resfriado —dijo Freddy.

—No tienes cara de estar

muy enfermo —dijo Bobby.

—Te veremos mañana

—dijo Willie—.

Que te mejores.

Al día siguiente,

los amigos de Freddy volvieron.

—¿Cómo estás del resfriado hoy?

—le preguntaron.

—Mucho mejor —dijo Freddy.

—Entonces, vamos a nadar

—dijo Willie.

—No puedo ir a nadar.

Me lastimé la pierna —dijo Freddy.

La madre de Freddy estaba mirando

por la ventana.

—¿Por qué no vas a nadar

con Willie y Bobby?

—preguntó ella.

—Me duele la pierna —dijo Freddy.

—Yo creo que el agua

te hará sentir mejor

—dijo ella—.

Y tal vez puedas aprender

a nadar en agua profunda.

Estoy segura de que Tom te ayudará.

—Está bien, iré —dijo Freddy—,

pero no sé cómo podré nadar

con la pierna lastimada.

ES
obligatorio
ducharse
antes de
entrar
en la
piscina

—Hola, Freddy —dijo Tom—.

Me alegra verte de vuelta.

No vayas a tomarte toda el agua

otra vez.

Freddy se rió.

—Quiero aprender a nadar

en la parte honda —dijo—.

¿Me puede enseñar?

—Salta —dijo Tom—.

Muéstrame cómo nadas.

Freddy comenzó a nadar.

—Chapoteas mucho.

Tómalo con calma.

Aprendamos a nadar

desde el comienzo —dijo Tom—.

Vamos a practicar la respiración.

Sopla haciendo burbujas.

Freddy así lo hizo.

—Está muy bien —dijo Tom—.

Ahora aprenderemos a flotar.

No te preocupes.

No dejaré que te hundas.

Pronto, Freddy fue capaz de flotar

sin ayuda.

49

—Ahora, quiero que muevas las piernas así:

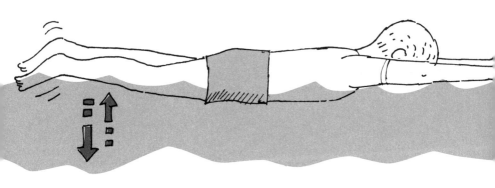

y tienes que mover los brazos así:

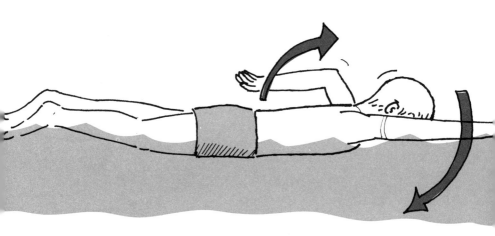

—Ahora trata de hacerlo tú

—dijo Tom.

Freddy hizo lo que Tom le decía.

—Así está mejor —dijo Tom—.

Practica todos los días

y muy pronto podrás nadar

en la parte profunda.

—Mueves muy bien las piernas,
a pesar de que tienes la derecha
lastimada —dijo Bobby.

—Ya está mucho mejor

—dijo Freddy. Y sonrió.

Freddy practicó mucho.

Cada día hizo esto:

Aprendió a flotar, pedaleando.

Y cada día lo hacía mejor.

—Hoy vamos a nadar

en la parte honda —dijo Tom.

—¡Freddy va a nadar con nosotros!

—gritó Bobby.

—¡Bravo, Freddy!

—dijo Willie—.

Lo vas a lograr.

Freddy saltó al agua.

Empezó a nadar y siguió nadando

hasta el otro extremo de la piscina.

—¡Lo logré! ¡Lo logré!

¡Puedo nadar en la parte profunda!

—¡Ahora eres un buen nadador!

—le dijo Tom.

—¡Eh, vamos a nadar! —dijo Willie,

y saltó al agua.

—¡Mírenme! ¡Soy una bala de cañón!

—gritó.

—¡Mírenme! ¡Soy un tiburón!

—gritó Freddy.

—¡Eh, miren *allá*! —dijo Bobby—.
Ahí están esos tipos que
empujaron a Freddy al agua.

Los dos muchachos estaban

haciendo travesuras otra vez.

Empujaban a los niños pequeños

a la piscina.

Freddy salió del agua.

—¡Eh, ustedes dos! —gritó Freddy—.

¡Dejen de molestar!

—¿Nos hablas a nosotros?

—preguntaron.

—Sí —dijo Freddy—.

¡No sigan molestando!

Los dos miraron a Freddy y se rieron.

—¿Nos lo vas a prohibir tú?

—Sí, él se lo va a prohibir.

—dijo Willie.

—Seguro que sí —dijo Bobby.

—¡Y *yo también*!

—dijo Tom—.

Váyanse de aquí y no vuelvan

hasta que aprendan a obedecer

las reglas.

—¡El último en tirarse

es un miedoso!

—dijo Freddy.

—¡No yo! —gritó Willie.

—¡Tampoco yo! —gritó Bobby.

Los tres saltaron al agua

al mismo tiempo.

Y todos salieron a flote a la vez.

—Bueno —dijo Freddy—.

¡Aquí *nadie* es un miedoso!